Seelentrost

MIT DEN FLÜGELN DER ZEIT
FLIEGT DIE TRAURIGKEIT DAVON

arsEdition

In schwierigen Zeiten
können tröstende Worte helfen,
wieder etwas neue Hoffnung und Zuversicht zu erlangen.
Fühle dich ermutigt, behutsam nach vorne zu schauen,
und schenke so deiner Seele
Stück für Stück *inneren Frieden*.

Am Ende

wird alles gut sein.
Wenn es nicht gut ist,
ist es noch nicht
das Ende.

OSCAR WILDE

Traurigsein
ist wohl etwas Natürliches.
Es ist wohl ein Atemholen zur Freude,
ein Vorbereiten der Seele dazu.

PAULA MODERSOHN-BECKER

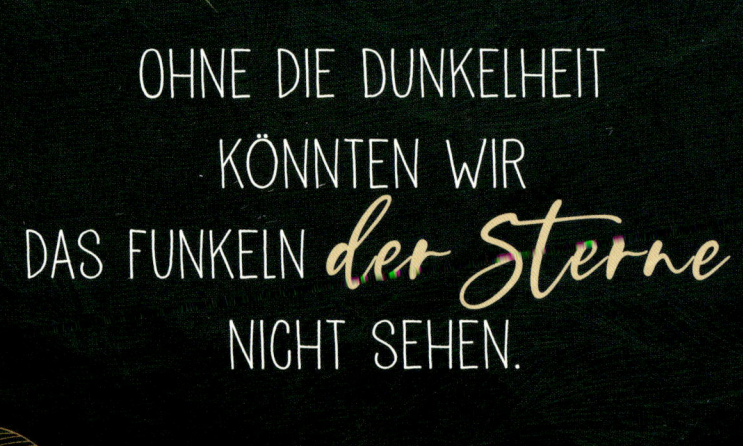

OHNE DIE DUNKELHEIT
KÖNNTEN WIR
DAS FUNKELN *der Sterne*
NICHT SEHEN.

Am Grunde des Herzens eines jeden Winters liegt ein *Frühlingsahnen* und hinter dem Schleier jeder Nacht verbirgt sich ein lächelnder Morgen.

KHALIL GIBRAN

WER ZUVERSICHTLICH IST,
DEM WACHSEN FLÜGEL.

J. M. BARRIE

ÜBER DIE *Wolken*
FÜHREN KEINE PFADE,
WIR MÜSSEN SCHON DEN WEG
ÜBER DIE ERDE NEHMEN.

WEISHEIT AUS CHINA

Es ist besser,

etwas gehabt und wieder

verloren zu haben,

als es nie gehabt zu haben.

WEISHEIT AUS WALES

IN DUNKLER ZEIT
IST DAS EINZIGE LICHT –
DIE *Hoffnung.*

UNBEKANNT

Ein abgeschlossenes Kapitel bedeutet nicht,
dass die *Geschichte* vorbei ist.
Das Buch hat noch viele Seiten,
du musst nur den Mut haben
weiterzublättern.

WER DEN KOPF NICHT HEBT,
KANN DIE STERNE NICHT SEHEN.

WEISHEIT AUS ARMENIEN

NIEMAND IST FORT,
DEN MAN LIEBT.
LIEBE IST EWIGE
Gegenwart.

STEFAN ZWEIG

Erinnere dich daran,
wie es sich anfühlt,
stark und *glücklich*
zu sein.

Im Garten der Zeit

WÄCHST DIE BLUME DES TROSTES.

WEISHEIT AUS RUMÄNIEN

GEGEN SCHMERZEN DER SEELE
GIBT ES NUR ZWEI ARZNEIMITTEL:
Hoffnung UND *Geduld.*

PYTHAGORAS

Wenn es einen Glauben gibt,
der Berge versetzen kann,
so ist es der Glaube an die eigene Kraft.

MARIE VON EBNER-ESCHENBACH

Man muss
durch die Nacht wandern,
wenn man die
Morgenröte
sehen will.

KHALIL GIBRAN

Atme ein und komme zur Ruhe.
Atme aus und lächle.
Sei im Hier und Jetzt,
so wird dieser Moment
zu einem *Wunder*.

Es ist, wie es ist.
ABER ES WIRD,
WAS DU DARAUS
MACHST.

Auch aus Steinen,
die einem in den Weg
gelegt werden,
kann man *Schönes*
bauen.

JOHANN WOLFGANG VON GOETHE

Wenn uns etwas aus dem gewohnten Gleis wirft,
bilden wir uns ein, alles sei verloren.
Dabei fängt nur etwas Neues, Gutes an.
Solange Leben da ist, gibt es auch *Glück*.

LEO N. TOLSTOI

Nur durch die *Hoffnung*
bleibt alles bereit,
immer wieder *neu* zu beginnen.

CHARLES PÉGUY

Die Erinnerung
IST DAS EINZIGE PARADIES, AUS DEM WIR NICHT VERTRIEBEN WERDEN KÖNNEN.

JEAN PAUL

HABE *Vertrauen* ZUM LEBEN –
UND ES TRÄGT DICH LICHTWÄRTS.

LUCIUS ANNAEUS SENECA

Auch wenn sich das Leben gerade wie ein Sturm anfühlt, wird irgendwann wieder *die Sonne* scheinen.

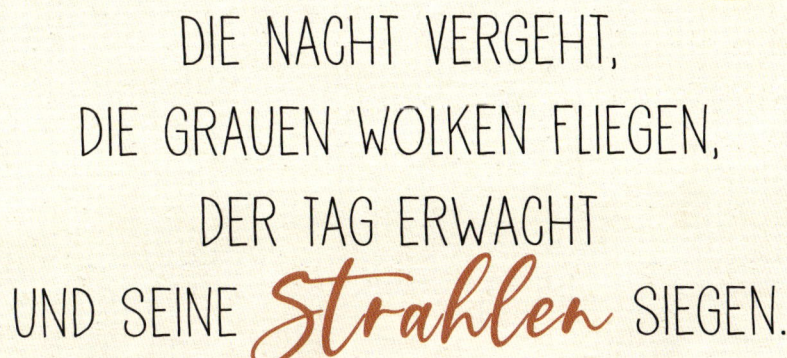

DIE NACHT VERGEHT,
DIE GRAUEN WOLKEN FLIEGEN,
DER TAG ERWACHT
UND SEINE *Strahlen* SIEGEN.

GOTTFRIED KELLER

ES KOMMT DARAUF AN,
DEN KÖRPER MIT DER *Seele*
UND DIE SEELE DURCH
DEN KÖRPER ZU HEILEN.

OSCAR WILDE

WENDE DEIN GESICHT
DER *Sonne* ZU, DANN FALLEN
DIE SCHATTEN HINTER DICH.

WEISHEIT AUS AFRIKA

Man kann von einem Leiden
nicht genesen, wenn man es nicht
in ganzer Stärke durchlebt.

MARCEL PROUST

Tränen reinigen
das Herz.

FJODOR M. DOSTOJEWSKI

Leuchtende Tage.
NICHT WEINEN,
DASS SIE VORÜBER,
SONDERN LÄCHELN,
DASS SIE GEWESEN.

KONFUZIUS

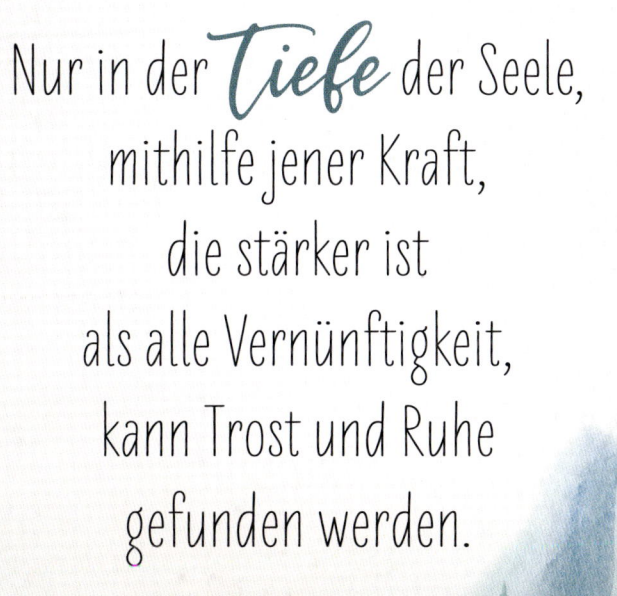

Nur in der *Tiefe* der Seele,
mithilfe jener Kraft,
die stärker ist
als alle Vernünftigkeit,
kann Trost und Ruhe
gefunden werden.

WILHELM BUSCH

Erinnerungen

sind Sterne,
die unsere dunklen Stunden
erleuchten.

AUS DEM DUNKELSTEN TAG

QUILLT PLÖTZLICH

DAS LIEBLICHSTE *Licht* AUF!

JOHANN CASPAR LAVATER

ALLES IST SCHWER,
BEVOR ES
leicht WIRD.

THOMAS FULLER

STEINIGE WEGE KÖNNEN UNS
ZU DEN *schönsten Orten*
FÜHREN.

FANGE NIE AN AUFZUHÖREN,
HÖRE NIE AUF ANZUFANGEN.

CICERO

Ich wünsche dir die Lebenskraft der Blume,
die den eisigen Winter geduldig abwartet
und schließlich zu ihrer Zeit blüht.

IRISCHER SEGENSWUNSCH

DIE GELIEBT WERDEN,
KÖNNEN NICHT STERBEN,
DENN LIEBE BEDEUTET
Unsterblichkeit.

EMILY DICKINSON

*Liebe
und Erinnerung
dauern ewig.*

UNBEKANNT

Man lebt zweimal.

DAS ERSTE MAL IN DER WIRKLICHKEIT,

DAS ZWEITE MAL IN DER ERINNERUNG.

HONORÉ DE BALZAC

Die *Hoffnung*
ist wie ein Sonnenstrahl,
der in ein trauriges Herz dringt.
Öffne es weit und lass sie hinein.

CHRISTIAN FRIEDRICH HEBBEL

AUCH WENN DU
DIE *Sonne* NICHT SIEHST –
SEI GEWISS,
SIE IST IMMER DA!

Glaube, Liebe, Hoffnung:
glaube, liebe Hoffnung!

FRIEDRICH HEBBEL

DER GLAUBE
AN UNSERE *Kraft*
KANN SICH INS UNENDLICHE
VERSTÄRKEN.

FRIEDRICH SCHLEGEL

Vertrauen
zu sich selbst ist Kraft,
und Kraft ist Freude,
und Freude ist Leben,
und Leben ist Schaffen,
und Schaffen ist *Sieg*.

CÄSAR FLAISCHLEN

Blicke in dich!

In deinem Inneren ist eine Quelle,
die nie versiegt, wenn du nur
zu graben verstehst.

MARK AUREL

Es warten
wunderbare Dinge auf dich.
Du musst dich nur trauen
weiterzugehen.

ZWISCHEN HOFFNUNG
UND ERINNERUNG
BLÜHT DAS *glück.*

UNBEKANNT

Das sind
die Starken:
die unter Tränen lachen,
eigene Sorgen verbergen
und andere fröhlich machen.

FRANZ GRILLPARZER

Die Dinge ändern sich nicht.
Das Einzige, was sich ändert,
ist deine *Sichtweise*.

CARLOS CASTANEDA

Man darf das Schiff
nicht an einen einzigen *Anker*
und das Leben
nicht an eine einzige Hoffnung binden.

EPIKTET

IN JEDEM VERLUST
STECKT AUCH EIN GEWINN,
AUF JEDES ENDE
FOLGT AUCH EIN
Neuanfang.

NICHTS
KANN EINEN MENSCHEN MEHR STÄRKEN
ALS DAS *Vertrauen,*
DAS MAN IHM ENTGEGENBRINGT.

ADOLF VON HARNACK

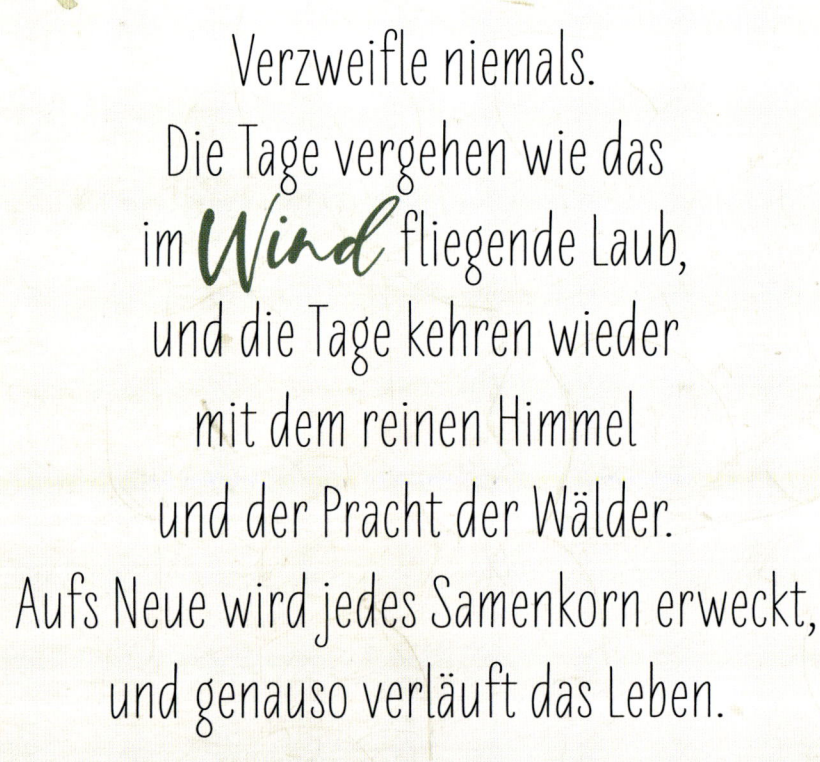

Verzweifle niemals.
Die Tage vergehen wie das
im *Wind* fliegende Laub,
und die Tage kehren wieder
mit dem reinen Himmel
und der Pracht der Wälder.
Aufs Neue wird jedes Samenkorn erweckt,
und genauso verläuft das Leben.

WEISHEIT DER NATIVE AMERICANS

NIMM DIR DIE ZEIT,
DIE DU BRAUCHST,
DAMIT DEINE *Seele*
heilen KANN.

DER ERSTE SCHRITT,
DEN SCHMERZ ZU VERWANDELN,
IST DIE *Erinnerung.*

UNBEKANNT

Was man tief in seinem *Herzen* besitzt,
kann man nicht durch den Tod verlieren.

JOHANN WOLFGANG VON GOETHE

Sterne sind die
Vergissmeinnicht der *Engel.*

HENRY WADSWORTH LONGFELLOW

IN *uns selbst*
LIEGEN DIE STERNE DES GLÜCKS.

HEINRICH HEINE

Wirf deine Angst ab,
verlass dich auf deine inneren Hilfsquellen,
vertraue dem Leben,
und es wird dir's vergelten.
Du vermagst mehr, als du denkst.

RALPH WALDO EMERSON

WENN DIE *Sonne* DES LEBENS
UNTERGEHT, DANN LEUCHTEN
DIE STERNE DER *Erinnerung.*

DEINE GRÖSSTE STÄRKE:
Hoffnung!

Wunder geschehen plötzlich.
Sie lassen sich nicht herbeiwünschen,
sondern kommen ungerufen,
meist in den unwahrscheinlichsten
Augenblicken, und widerfahren denen,
die am wenigsten damit gerechnet haben.

GEORG CHRISTOPH LICHTENBERGER

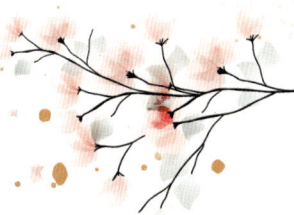

DAS, WAS DU *heute* DENKST,
DAS WIRST DU *morgen* SEIN.

BUDDHA

DU HAST *in dir*
DEN HIMMEL UND DIE ERDE.

HILDEGARD VON BINGEN

AUF DEM WEG VOR DIR

LIEGEN NOCH TAUSEND

schöne Momente.

EIN NEUES LEBEN

KANN MAN NICHT ANFANGEN,

ABER TÄGLICH

einen neuen Tag.

HENRY DAVID THOREAU

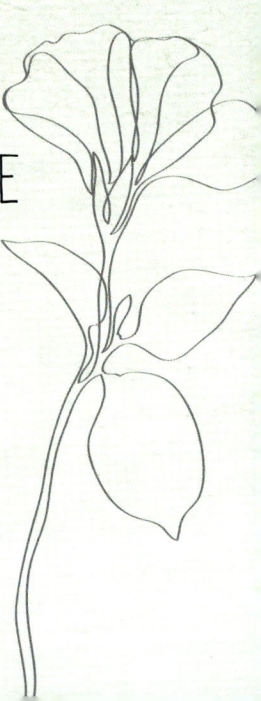

ES IST *unglaublich,*
WIE VIEL KRAFT DIE SEELE
DEM KÖRPER
ZU LEIHEN VERMAG.

WILHELM VON HUMBOLDT

DER TAG,
AN DEM DU EINEN ENTSCHLUSS FASST,
IST EIN *glückstag.*

WEISHEIT AUS JAPAN

WAS MAN NICHT *aufgibt,*
HAT MAN NIE VERLOREN.

FRIEDRICH SCHILLER

MACHE ETWAS,
WAS DEINER SEELE GUTTUT!
Mache es gleich.

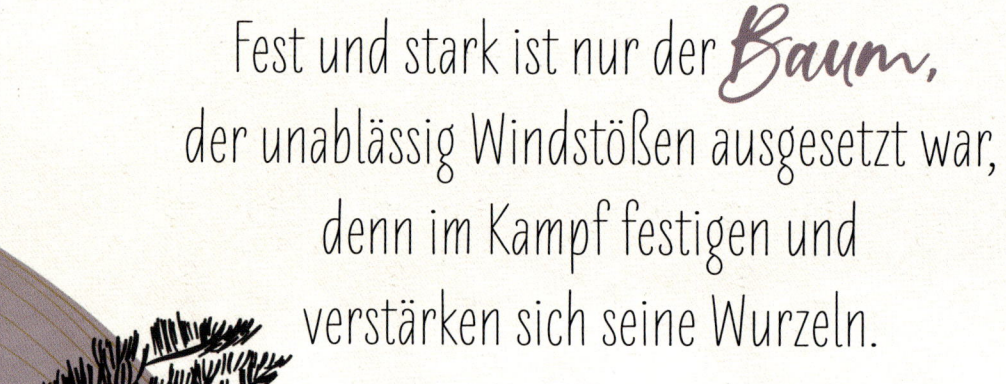

Fest und stark ist nur der *Baum,*
der unablässig Windstößen ausgesetzt war,
denn im Kampf festigen und
verstärken sich seine Wurzeln.

LUCIUS ANNAEUS SENECA

Nicht das *Beginnen* wird belohnt,
sondern einzig und allein das Durchhalten.

KATHARINA VON SIENA

Wenn Menschen
ihre innere *Einstellung* ändern,
können sie auch die äußeren Umstände
ihres Lebens ändern.

WILLIAM JAMES

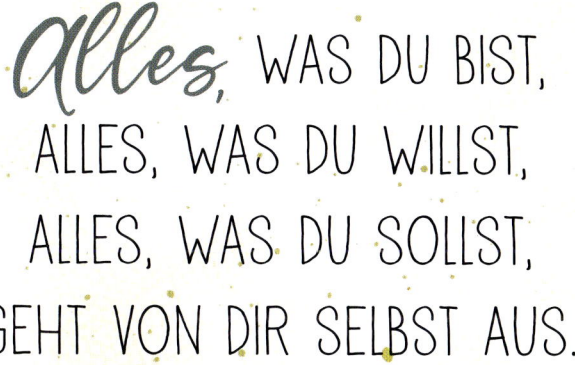

Alles, WAS DU BIST,
ALLES, WAS DU WILLST,
ALLES, WAS DU SOLLST,
GEHT VON DIR SELBST AUS.

JOHANN HEINRICH PESTALOZZI

Sag nicht, ein Pass sei unüberwindlich.
Steig hinauf,
und du überschreitest ihn.

WEISHEIT AUS ASIEN

Man kann das Leben nur rückwärts verstehen, aber man muss es vorwärts leben.

SØREN KIERKEGAARD

DEINE SEELE
BRAUCHT *Frieden,*
DEIN KÖRPER ERHOLUNG,
DEIN *Herz* FREUDE.

WENN DU
helle DINGE DENKST,
ZIEHST DU HELLE DINGE
AN DICH HERAN.

PRENTICE MULFORD

Halte ein,

wenn es Zeit ist,

innezuhalten.

ZEN-WEISHEIT

Es gibt viel Trauriges auf der Welt
und viel Schönes.
Manchmal scheint das Traurige
mehr Gewalt zu haben, als man ertragen kann,
dann stärkt sich indessen leise das Schöne
und berührt wieder unsere Seele.

HUGO VON HOFMANNSTHAL

Hoffnung
ist der Regenbogen
über dem herabstürzenden
Bach des Lebens.

FRIEDRICH NIETZSCHE

Auf jede dunkle Nacht
folgt ein Sonnenaufgang,
der die Welt
zum *Leuchten* bringt.

Beginnen
IST STÄRKE,
VOLLENDEN KÖNNEN
IST KRAFT.

LAOTSE

Den Puls des eigenen Herzens fühlen.
Ruhe im Innern,
Ruhe im Äußern.
Wieder Atem holen lernen,
das ist es.

CHRISTIAN MORGENSTERN

Manchmal muss man
die Augen schließen,
um *klarer* zu sehen.

UNBEKANNT

ICH WERDE EINEN *Weg* FINDEN —
ODER EINEN MACHEN.

HANNIBAL

VERLIERE NIEMALS DIE HOFFNUNG,
DENN WUNDER GESCHEHEN
jeden Tag!

UND ICH WILL GLÜCKLICH SEIN,
MEIN HERZ HAT DIE KRAFT DAZU,
DIE KRAFT, IN DER
Seligkeit AUFZUGEHEN.

LOUISE ASTON

Wo alle Grenzen sich durchschneiden,
alle Widersprüche sich berühren,
da ist der Punkt,
wo das *Leben* entspringt.

FRIEDRICH HEBBEL

Wenn etwas gewaltiger ist
als das Schicksal,
so ist es der *Mut*,
der es unerschüttert trägt.

EMANUEL GEIBEL

DIE *Freude*
IST ÜBERALL.
ES GILT NUR,
SIE ZU ENTDECKEN.

KONFUZIUS

Jede Blüte

IST EIN ZEICHEN DER HOFFNUNG.

Es gibt in der Welt einen einzigen Weg:
auf welchem niemand gehen kann außer dir:
Wohin er führt? Frag nicht,

geh ihn!

FRIEDRICH NIETZSCHE

Wege ENTSTEHEN DADURCH,
DASS WIR SIE *gehen.*

FRANZ KAFKA

NEUER *Frühling* GIBT ZURÜCK,
WAS DER WINTER DIR GENOMMEN.

HEINRICH HEINE

Niemand weiß,
wie weit seine Kräfte gehen,
bis er sie versucht hat.

JOHANN WOLFGANG VON GOETHE

JEDER TAG IST
ein neuer Anfang.

GEORGE ELIOT

Mögen treue Freunde dich auffangen,
wenn du schwankst und zu fallen drohst,
auf dass sie dich stützen,
bis du wieder die Kraft hast,
alleine zu gehen.

IRISCHER SEGENSWUNSCH

Made with love

ISBN 978-3-8458-4958-4

ISBN 978-8458-4960-7

ISBN 978-8458-4998-0

Mehr Infos zu den Büchern finden Sie unter
www.arsedition.de
Newsletter abonnieren:
www.arsedition.de/newsletter

Für dich. Für mich. Für uns. ♥

Geschenkbücher, die glücklich machen:
www.arsedition.de

Das Glücks-Abo fürs Postfach: **www.arsedition.de/newsletter**

In einigen Fällen war es nicht möglich, für den Abdruck der Texte die Rechteinhaber:innen zu ermitteln.
Honoraransprüche der Autor:innen, Verlage und ihrer Rechtsnachfolger:innen bleiben gewahrt.

© 2022 arsEdition GmbH, Friedrichstr. 9, D-80801 München
arsedition.de/service
Alle Rechte vorbehalten

Cover: ArtMari / Shutterstock.com
Hintergründe & Illustrationen: ArtMari / Shutterstock.com, vectortwins / Shutterstock.com,
Art Posting / Shutterstock.com, Elina Li / Shutterstock.com, marukopum / Shutterstock.com,
kitsune05 / Shutterstock.com, Andrea22 / Shutterstock.com, nwan / Shutterstock.com, okaka /
Shutterstock.com, Oliver.zs / Shutterstock.com, Valeriya Pekar / Shutterstock.com,
Art Posting / Shutterstock.com

Covergestaltung: das verlagsatelier ROMY POHL
Gestaltung Innenteil: Eva Schindler, Grafing

ISBN 978-3-8458-4959-1
Wir behalten uns die Nutzung unserer Inhalte für Text und
Data Mining im Sinne von § 44b UrhG ausdrücklich vor.
www.arsedition.de